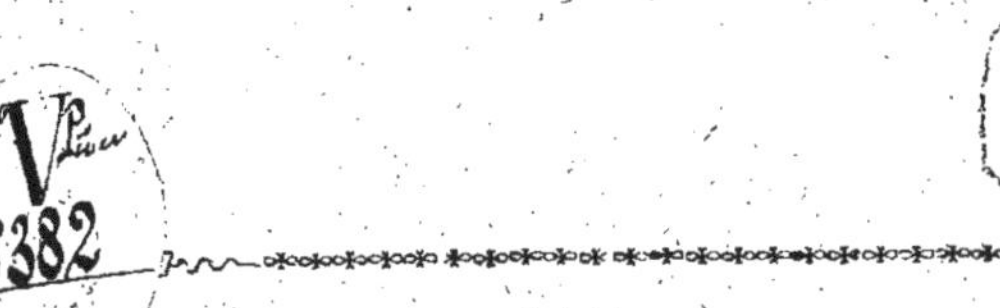

LE BALLON CAPAZZA
ET SES PARTISANS

PAR

J.-E. RENUCCI

CAPITAINE EN RETRAITE

PRIX : **50** centimes, franco par la poste.

EN VENTE
Chez M. DE PERETTI, Libraire à Ajaccio.

AJACCIO
IMPRIMERIE JOSEPH POMPEANI

1887

LE BALLON CAPAZZA

ET SES PARTISANS

PAR

J.-E. RENUCCI

CAPITAINE EN RETRAITE

PRIX : **50** centimes, franco par la poste.

AJACCIO

IMPRIMERIE JOSEPH POMPEANI

1887

J'ai assisté à une conférence que M. Capazza a fait à Calvi le 20 mars 1887, pour exposer son système de navigation aérienne.

J'ai trouvé que M. Capazza se trompe du tout au tout.

En conséquence, j'ai fait moi-même une conférence, également à Calvi, le 27 mars 1887, pour démontrer en quoi et comment M. Capazza se trompe.

J'ai été ensuite amené à écrire la lettre suivante, en raison d'un article paru dans le *Petit-Bastiais*.

Calvi, le 7 avril 1887.

Monsieur le Directeur du *Petit Bastiais*,

Dans un article du *Petit Bastiais* du 6 avril 1887, intitulé : Capazza à Vescovato, je lis les lignes suivantes qui me concernent :

« Il (M. Capazza) a bien intéressé son auditoire en parlant de la conférence que M. le capitaine en retraite Renucci a fait contre lui à Calvi, et cela après son départ. Allant ensuite au devant des objections : « On a prétendu, a-t-il dit, que je fuis la lumière ; ma présence au milieu de vous, messieurs, est une preuve du contraire, et je m'en irai ainsi dans les grands centres de la Corse au devant de la discussion. »

Le titre de ma conférence était celui-ci :

« Dans l'état actuel des sciences, la navigation aérienne par les ballons n'est possible ni par le système de M. Capazza ni par aucun autre système. »

J'avais écrit le raisonnement scientifique de ma conférence en quelques pages. Je les ai lues et j'ai ajouté des explications verbales. Il y a eu une discussion contradictoire avec quelques personnes ; mais aucune des objections qui m'ont été faites n'a infirmé la thèse que j'ai soutenue.

Avant la fin de la conférence, M. Dumoulin, ingénieur des Ponts et Chaussées, m'a fait observer que M. Capazza me saurait peut être gré de lui faire connaître les objections que je venais de formuler contre son système. Je lui répondis que je n'avais pas l'honneur de connaître personnellement M. Capazza, mais que si lui, M. Dumoulin, voulait lui transmettre une copie de ma conférence écrite, je remettrais immédiatement entre ses mains le texte entier. M. Dumoulin m'ayant dit qu'il le ferait volontier, je lui remis à l'instant même les quelques pages que j'avais écrites sur le sujet.

Puisque M. Capazza, dans ses conférences, intéresse tout son auditoire en parlant de ma propre conférence, je vais lui fournir l'occasion d'intéresser, à ce sujet, un auditoire autrement grand que celui qu'il trouve dans les petites localités qu'il parcourt : je lui offre de discuter son système, contradictoirement avec lui, soit dans les colonnes du *Petit Bastiais*, soit dans les colonnes de tout autre journal, à son choix. Je soutiendrai la thèse suivante :

Le système de navigation aérienne de M. Capazza est une absurdité scientifique, et si on en tente jamais la réalisation on aura pour résultat un immense fiasco.

La discussion contradictoire close, une commission de quatre ingénieurs, dont deux seront désignés par M. Capazza et deux par moi, décidera, après examen des raisonnements produits de part et d'autre, si le système de M. Capazza est fondé ou non. Si cette commission déclare que ce système est scientifiquement fondé, je m'engage, dès aujourd'hui, à concourir à sa réalisation par une souscription personnelle de cinq cents francs.

Je compte, M. le Directeur, sur votre impartialité pour insérer cette lettre dans le plus prochain numéro du *Petit-Bastiais*, et vous prie d'agréer l'expression de mes sentiments très-distingués.

Renucci,
Capitaine en retraite à Calvi.

Monsieur le Directeur du *Petit-Bastiais* n'ayant pas cru devoir publier cette lettre dans son journal, je la porte a la connaissance du public par la voie de cette petite brochure. J'y ajoute le texte de la partie écrite de ma conférence, et je termine par quelques observations.

TEXTE

DE LA PARTIE ÉCRITE DE LA CONFÉRENCE

FAITE PAR M. RENUCCI A CALVI.

Messieurs,

J'ai à démontrer que, dans l'état actuel des sciences, la navigation aérienne par les ballons, n'est possible ni par le système de M. Capazza ni par aucun autre système.

Avant de m'engager dans la discussion scientifique de la navigation aérienne par les ballons, je vais prouver que M. Capazza se trompe du tout au tout au sujet de la valeur expérimentale du petit appareil dont il se sert dans ses conférences, pour montrer au public, comment s'opérera la navigation aérienne par son ballon.

Pour être scientifiquement valable et probante, une expériense doit, et comme appareils et comme manœuvre, représenter en petit ce qui doit se produire en grand.

L'expérience que fait M. Capazza, dans ses conférences, ne satisfait pas à cette condition. Voici pourquoi :

1° En réalité et en grand le ballon de M. Capazza ne doit être actionné que par la simple force de la pesanteur tandis que dans les expériences de ses conférences, M. Capazza actionne le petit ballon dont il se sert, par une force mécanique : celle qui résulte de la traction énergique et rapide qu'il exerce sur la corde de suspension de l'appareil et qui est relativement énorme par rapport au faible poids et aux faibles dimensions du petit ballon qu'elle met en mouvement.

2° En réalité et en grand le ballon de M. Capazza doit être complètement libre dans l'air tandis que le petit ballon de ses expériences est attaché à une corde qui, dans une certaine mesure, régit sa direction et son mouvement.

3° En réalité et en grand, le ballon de M. Capazza doit avoir une surface cylindrique appelée *soufflet*, et interposée entre les deux surfaces lenticulaires, tandis que le petit ballon de ses expériences n'a pas cette surface cylindrique et se trouve par là même plus propre à fendre l'air.

De ces trois discordances ou différences qui existent entre l'aérostat réel et en grand de M. Capazza et son petit appareil expérimental, il résulte théoriquement et en fait, que le mouve- très-rapide qu'opère le petit ballon des expériences, n'est qu'un mouvement artificiel et factice, hors de proportion avec celui qu'opérera le ballon réel de la navigation aérienne.

M. Capazza et le public qui assiste à ses conférences sont victimes d'une illusion. Ils croient sincèrement que le grand ballon de la navigation aérienne évolutionnera dans l'air aussi rapidement que le fait le petit ballon des expériences. Or il n'en est rien. Le calcul scientifique suivant fera connaître approximativement la vitesse de marche que pourra réaliser le ballon de M. Capazza.

Par rapport à la nature des forces motrices qu'on cherche à appliquer aux ballons, la navigation aérienne comprend trois systèmes bien tranchés :

1° Le système où la force motrice est celle de la pesanteur et où l'on use de plans inclinés ;

2° Le système où la force motrice est celle des courants aériens superposés et de direction contraire ; le ballon marche alors avec le vent et aussi vite que le vent ;

3° Le système où la force motrice est mécanique, c'est-à-dire produite par des machines ; Le ballon marche alors en raison de la puissance de translation que lui imprime une hélice.

L'histoire des tentatives de la navigation aérienne présente divers appareils dans chacun des trois systèmes.

Je commence par la critique du premier système, où la force motrice est la pesanteur. C'est à ce système qu'appartient l'appareil aérostatique de M. Capazza.

Ce système est basé sur les trois données fondamentales suivantes ;

1° Faire monter et descendre le ballon à volonté, en le rendant moins lourd que l'air pour monter et plus lourd que l'air pour descendre ;

2° Ne dépenser ni lest ni gaz dans les montées et les descentes successives ;

3° Transformer, dans une certaine mesure, par le jeu d'un plan incliné, le mouvement ascendant et descendant du ballon, c'est-à-dire son mouvement vertical, en mouvement horizontal.

Ces trois données sont communes à tous les appareils aérostatiques qui rentrent dans ce système.

En principe, l'appareil aérostatique de M. Capazza est dans les conditions des trois données ci-dessus indiquées, et il réalisera un certain mouvement orizontal ; mais quel sera le *quantum* de ce mouvement en un temps donné ?

Pour connaître ce *quantum* de mouvement en un temps donné, il faut commencer par connaître le *quantum* du mouvement vertical du ballon dans le même temps, parce que le premier n'est qu'une fraction du second, obtenue par dérivation ou transformation de celui-ci, par le jeu d'un plan incliné.

Le quantum de mouvement ou de vitesse d'un ballon, en sens vertical et dans un temps donné, quand le ballon se meut uniquement par l'action de la pesanteur, peut-être déterminé approximativement en se servant des indications consignées dans la relation de l'ascension aérostatique faite en 1875, dans un but scientifique, par les trois aéronautes Sivel, Croce-Spinelli, Gaston-Tissandier et qui ont opéré avec des instruments d'une parfaite précision (voir l'Année Scientifique de 1876, par Louis Figuier.)

La relation de cette ascension ne donne pas la vitesse qu'a eu le ballon pour aller d'une altitude à une autre ; mais on peut la trouver, par voie de déduction, au moyen de calculs très-simples. C'est ce que je vais faire pour déterminer la vitesse ascentionnelle qu'a eu le ballon *Le Zénith*,

1° De 0 à 6000 mètres,

2° De 6000 à 7000 mètres,

3° De 7000 à 8000 mètres.

D'après la relation (page 179 du volume.) « La descente du « *Zénith* a eu lieu à 4 heures, à 250 kilomètres de Paris, après « un séjour de 4 heures 25 minutes dans les airs. »

Le ballon est donc parti à 11 heures 35 minutes. A 1 heure 10 minutes le ballon était à l'altitude de 6000 mètres moins 5 (page 175 du v.)

Donc il a mis 1 heure 35 minutes ou 95 minutes pour arriver à l'altitude de 6000 mètres moins 5, ou à 5995 mètres. Ce qui donne une vitesse de $\frac{5995}{95} = 63^m\ 105$ à la minute, ou une vitesse de $63^m\ 105 \times 60 = 3786^m$ 3 décimètres à l'heure.

A 1 heure 20 minutes le ballon était à 7000 mètres d'altitude. Il a donc parcouru 1005 mètres en 10 minutes. Ce qui donne une vitesse de $\frac{1005}{10} = 100^m$ 5 décimètres à la minute, ou $100^m\ 5^d \times 60 = 6030$ mètres à l'heure.

A une heure et demie le ballon se trouve à l'altitude de 8000 mètres. Ce qui fait une marche de 1000 mètres en 10 minutes, ou une vitesse de 100 mètres à la minute, ou une vitesse de $100^m \times 60 = 6000$ mètres à l'heure.

La vitesse moyenne du ballon pour s'élever de 0 à 8000 mètres d'altitude a donc été de $\frac{3786 + 6030 + 6000}{3} = 5272$ mètres à l'heure. Ça revient à une vitesse de $1054^m\ 32^c$ en 12 minutes. C'est la vitesse moyenne d'une colonne d'infanterie en route.

En prenant pour base cette vitesse moyenne de 5272 mètres à l'heure, en sens vertical, et en admettant que le ballon, par le jeu du plan incliné dévie horizontalement de la moitié du chemin qu'il fait verticalement — et ce sera un maximum, — la marche orizontale du ballon, par un temps parfaitement calme, sera de 2636 mètres à l'heure. C'est à peu près la vitesse de marche d'une procession.

Aucun appareil aérostatique du système de la navigation

aérienne, où la force motrice est simplement la pesanteur, ne saurait guère dépasser ce degré de vitesse en sens horizontal.

Le ballon *Le Zenith* a fait par la force du vent, dans l'ascension dont je viens de parler, 250 kilomètres en quatre heures vingt-cinq minutes, c'est-à-dire 56 kilomètres 603 mètres à l'heure.

Qu'on compare les deux vitesses !

La navigation aérienne par le système des courants atmosphériques superposés et de direction contraire est impossible :

1° Parce que ces courants en sens contraire se présentent rarement aux altitudes praticables ;

2° Parce qu'on ne peut dévier ni à droite ni à gauche du courant et parconséquent aller dans les localités latérales à la direction de ce courant ;

3° Parceque l'atterrissage, par un vent fort, donne lieu à un long trainage du ballon, où les personnes de l'équipage peuvent être blessées ou tuées et l'appareil aérostatique dégradé ou détruit. Il n'y a presque plus personne qui fasse des recherches dans ce système.

La navigation aérienne par le système des propulseurs mécaniques est actuellement pratiquée avec un léger succès à l'école aérostatique militaire de Meudon ; mais, en réalité, la navigation aérienne de ce système est aussi impossible que celle des deux premiers systèmes pour les trois raisons suivantes :

1° Dans l'état actuel des sciences il est impossible de trouver une machine assez legère et assez puissante pour faire lutter avantageusement un ballon contre les divers vents ;

2° Parvint-on à trouver une telle machine, qu'on ne pourrait pas l'appliquer aux ballons. — Le ballon n'est qu'une vessie gonflée, et il créverait entre la pression exercée par le moteur et la résistance opposée par l'air. La résistance que l'air oppose à un mobile croit en raison directe du carré de la vitesse du mobile ;

5° Il y aurait toujours impossibilité, par un vent fort, d'atterrir avec facilité et sécurité. Et cette dernière difficulté devient une impossibilité radicale pour toute navigation aérienne par les ballons des types connus jusqu'à ce jour.

Calvi, le 26 mars 1887.

OBSERVATIONS

On vient de voir que d'après les calculs que j'ai exposés dans ma conférence, la vitesse de marche du ballon Capazza ne serait que celle d'une procession ; mais qu'on double, qu'on triple, qu'on quadruple, si l'on veut, cette vitesse ; il n'y aurait jamais une solution satisfaisante du problème de la navigation aérienne.

Si M. Capazza m'objectait que, pour monter comme pour descendre, il imprimera à son ballon lenticulaire une vitesse moyenne bien plus grande que la vitesse moyenne de 5272 mètres à l'heure qu'a eu le ballon *Le Zénith* dans l'ascension de 1875, et que dès lors je ne puis logiquement prendre pour base cette dernière vitesse pour apprécier la valeur de son système, je lui répondrais que son objection ne sera valable que du jour où il aura également précisé par un chiffre la vitesse moyenne de son ballon, en sens vertical, et qu'il aura démontré la vérité de ce chiffre, soit par des calculs théoriques, soit par des expériences probantes. M. Capazza dit bien dans ses conférences qu'il croit pouvoir lutter contre tous les vents et dans un petit écrit intitulé : *Aux enfants de la Corse*, on affirme qu'il pourra parcourir plus de 100 kilomètres à l'heure. Mais quelles preuves scientifiques donne-t-on à l'appui de ces affirmations ? Aucune ! Pour parcourir 100 kilomètres à l'heure en sens horizontal, il faudrait, en admettant que le ballon, par le jeu du plan incliné, dévie horizontalement de la moitié du chemin qu'il fait verticalement, il faudrait, dis-je, imprimer à ce même ballon une vitesse, en sens vertical, de 200 kilomètres à l'heure ou de 3333 mètres par minute. C'est là une vitesse vertigineuse qu'on ne saurait faire atteindre à un mobile tel que le ballon, surtout en l'actionnant par la seule force de la pesenteur.

J'ai admis jusqu'ici que le ballon Capazza, fonctionnant dans l'air comme plan incliné, dévierait horizontalement de la moitié du chemin qu'il ferait verticalement ; mais, en réalité, cela ne peut pas avoir lieu, parce qu'un ballon, quelle que soit la forme qu'on lui donne, sera toujours un ballon et jamais un plan incliné, et que dès lors il ne pourra jamais fonctionner efficacement comme *plan incliné* dans le milieu atmosphérique, à cause de la grande surface de résistance qu'il présentera toujours à l'air dans le sens horizontal. Ça revient à dire que le ballon Capazza aurait un mouvement très-faible en sens horizontal, quoiqu'on lui imprimat un mouvement très rapide en sens vertical.

Il faut ajouter que le ballon Capazza, étant en grande partie rigide et soutenu par des échaffaudages, ne pourrait pas être plié en paquet après un atterrissage, et si l'atterrissage avait lieu dans un bois ou dans un terrain difficile, on ne pourrait l'en tirer qu'en le mettant en pièces.

A mon avis le parachute-lest et le soufflet cylindrique du ballon Capazza ne jouissent pas de propriétés susceptibles d'infirmer d'une manière importante les raisonnements et les conclusions de la critique scientifique qu'on vient de lire. Si M. Capazza pense le contraire, qu'il décrive exactement les manœuvres concernant ces deux appareils et qu'il indique par des chiffres l'effet utile qu'il prétend leur faire produire ; qu'il indique surtout dans quelle mesure il pourra comprimer le gaz du ballon, au moyen du soufflet, sans faire éclater l'enveloppe, en tenant bien compte de l'influence qu'a la grandeur du diamètre d'un ballon sur le degré de résistance d'une enveloppe donnée, sous une pression intérieure donnée et non équilibrée extérieurement.

Je trouve que les partisans du ballon Capazza agissent fort légèrement en provoquant et en patronnant une souscription de 95 mille francs pour sa réalisation, avant de s'être parfaitement assurés de sa valeur scientifique. Quelle serait, je le leur demande, leur responsabilité morale vis à vis des souscripteurs, si au jour de l'épreuve pratique on ne recueillait que déception et confusion ? Et, en tout cas, ne vont-ils pas trop loin en accusant de *jalousie* et de *malveillance* ceux qui ne croient pas au bien-fondé scientifique du système de navigation aérienne de M. Capazza ? Ne donne-t-ils pas à ceux-ci le droit de leur risposter par les mots *d'aveuglement* et *d'ignorance ?* Qui donc pourrait ne pas être heureux de voir la solution du grand problème humanitaire de la navigation aérienne donnée par n'importe qui !

Pour ce qui me concerne — je le déclare en toute sincérité — je voudrais que M. Capazza eut complètement raison et contre moi et contre tous les adversaires de son système ; mais je crains pour lui et pour ses confiants apologistes qu'ils n'aient bientôt à regretter et leur enthousiasme outré et l'incorrection morale de leur langage.

Monsieur Capazza demande que son invention soit jugée par des autorités scientifiques compétentes. Il est étrange qu'en France, il soit si difficile d'obtenir une telle satisfaction. L'œuvre d'un inventeur devrait toujours être sérieusement examinée et jugée, et les juges devraient toujours éclairer parfaitement son auteur, au moyen d'un rapport scientifiquement motivé. Qu'il soit dans le vrai, ou qu'il se trompe, c'est la moindre des choses qu'on doive à un homme qui souvent sacrifie à une idée de progrès tout ce qu'il possède d'activité, de temps et de ressources.

www.ingramcontent.com/pod-product-compliance
Ingram Content Group UK Ltd.
Pitfield, Milton Keynes, MK11 3LW, UK
UKHW022156260726
13993UKWH00005B/2409